AF253913

ESSAI

SUR

LA VIE MILITAIRE ET POLITIQUE

DE L'EMPEREUR NAPOLÉON.

Nancy, imprimerie de Dard, rue des Carmes, 22.

ESSAI

SUR LA VIE MILITAIRE

ET POLITIQUE

DE

L'EMPEREUR NAPOLÉON,

Par M. DUBALAY, de Metz,

Ancien magistrat.

Les empires sont dus à qui sait les fonder.
(LE FRANC. *Didon,* acte 1, scène 2.)

Un héros qu'on opprime attendrit tous les cœurs.
(VOLTAIRE. *Tancrède,* acte 5, scène 3.)

Napoléon ambitieux, ne l'a été que dans un but patriotique.
(MENNEVAL. *Napoléon et Marie-Louise,* t. 1, p. 347.)

NANCY,

CHEZ PEIFFER, LIBRAIRE–ÉDITEUR, PASSAGE STANISLAS,

ET CHEZ LES PRINCIPAUX LIBRAIRES DE FRANCE.

—

1845.

AVERTISSEMENT.

Cette brochure, ainsi qu'il sera facile de s'en convaincre, n'est pas un ouvrage important et de longue haleine; c'est un simple opuscule, renfermant dans un cadre étroit tous les principaux actes, tous les faits notoires qui se sont passés avant et pendant le consulat et sous l'empire; c'est une analyse rapide de cette époque si grande, si mémorable, si héroïque et si chargée d'événements; époque qui vient d'être si admirablement traitée par l'écrivain profond et élégant, par l'homme d'état illustre qui avait déjà doté la France de l'histoire de son immortelle révolution.

ESSAI

SUR LA VIE MILITAIRE ET POLITIQUE

DE

L'EMPEREUR NAPOLÉON.

Parmi les nombreuses illustrations et les grandes renommées surgies de notre révolution, conséquence nécessaire et naturelle d'une immense commotion politique, sociale et populaire, il n'en est aucune qui se présente à la postérité environnée d'une auréole aussi éclatante et aussi glorieuse que celle de *Napoléon Bonaparte.*

Dès son aurore, on peut, pour ainsi dire, présager la haute destinée de *Bonaparte,* et la large part qu'il prendra dans les affaires publiques. Simple officier d'artillerie en 1794, au siége de Toulon, son début fut alors un coup de maître, et de ce moment il posa la première pierre de l'édifice colossal de son élévation future.

Alors la cause de la liberté était aussi la sienne ; et, quoique né gentilhomme, *Bonaparte* en embrassa la défense avec autant d'ardeur que de convictions.

Plus tard survint la journée du treize vendémiaire ; celle-ci fut pour *Bonaparte* le premier échelon de sa fortune et de sa grandeur fabuleuses. Mais cette journée dévoila l'homme tout entier, et démontra déjà, aux yeux de l'observateur froid et impartial, qu'il était loin d'avoir adopté le culte de la liberté avec la même ferveur que *Danton*, que *Hoche*, que *Marceau*, que *Carnot*, et enfin, que la plupart de tous ces hommes qui soutinrent les intérêts de la république à la tribune, ou les défendirent à la tête des armées.

Bonaparte, dans cette journée du treize vendémiaire, apprit au peuple que quelques pièces d'artillerie suffisaient pour le soumettre, et qu'avec de l'énergie et à l'aide de mesures habilement combinées, le pouvoir légalement constitué devait toujours triompher des ennemis de l'ordre public.

De cette époque mémorable, *Bonaparte* fut investi du généralat, et le commandement de l'armée de l'intérieur fut confié à son courage et à son expérience. De ce moment, ne peut-on pas penser qu'il entrevit un avenir prochain de gloire et de puissance, et même déjà ne dut-il pas songer au jour où la France le proclamerait son sauveur et son premier magistrat?

En attendant, *Bonaparte* s'applique avec une rare habileté à dissimuler, sous des formes simples et réservées, cette ambition qui dévorait sa vie et qui égalait son génie. Etudiant sans cesse les hommes, observant le cours des événements, il appréciait les uns et les autres avec une admirable sagacité.

La journée de vendémiaire ne tarda pas à avoir ses résultats; alors *Barras* était président du directoire exécutif. Il espérait rencontrer le jeune général disposé à protéger et à prolonger la constitution de l'an trois, sans cesse menacée par les différents partis. Aussi le vainqueur des sections fut-il fêté et accueilli; bientôt à des rapports officiels succéda une intimité qui allait révéler le puissant génie appelé à régénérer la France, à remuer l'Europe, à changer les destinées du monde.

Ce fut une femme jeune, aimable, spirituelle, de bon goût, veuve d'un homme de qualité mort victime de son noble et courageux patriotisme, qui eut la mission d'ouvrir le chemin de la gloire à celui qui avait culbuté les sections et mitraillé les Parisiens du haut de la butte de Saint-Roch, où il avait établi son quartier-général. Madame la comtesse *de Beauharnais*, qui régnait alors sans rivale dans les salons du Luxembourg, fut remarquée par le jeune général;

elle accueillit ses hommages, et bientôt les liens de l'hymen unirent leurs destinées. *Bonaparte*, en donnant son nom, reçut en échange le commandement en chef de l'armée d'Italie, qui fut le premier fleuron de cette couronne impériale si puissante, si glorieuse entre toutes, et qui a légué à l'histoire de si grands, de si illustres et de si déchirants souvenirs.

On assure qu'à cette époque il fut proposé au jeune général une jeune et riche héritière, lui apportant une dot millionnaire, mais qu'il la refusa. En effet, qu'importait de l'or à cet homme, pour se voir peut-être après remisé dans une division de l'intérieur. Non, l'ambition et le génie ne calculent pas ainsi. *Bonaparte*, à la tête de l'armée d'Italie, sentait la gloire immortelle qu'il devrait à cette haute position militaire, bien autrement préférable, bien autrement précieuse à ses yeux que la possession de quelques millions salement accumulés, et résultats de tant de rapines qui avaient déjà compromis dans l'opinion, d'une manière si déplorable, la dignité et peut-être la sûreté de la république. En s'unissant avec la veuve du comte *de Beauharnais*, celle-ci, femme de qualité, contre un nom noblement porté, recevait en échange un nom nouveau, mais qui ne tarderait pas à devenir le plus populaire comme le plus illustre de l'univers.

La campagne d'Italie s'ouvrit sous de tristes auspices. L'armée manquait de tout ; mais bientôt, grâce à sa marche victorieuse, à ses rapides et nombreuses conquêtes, l'abondance succéda à la disette. Cette fameuse campagne d'Italie imprima des souvenirs impérissables dans les fastes militaires de la république, et fut digne de la gloire de ses armées et du génie de son général, qui, à peine à l'âge où l'on a acquis l'expérience du monde et des grandes affaires, offrit à tous ces hommes blanchis dans les camps ou consommés dans le maniement des affaires diplomatiques, l'ensemble admirable du courage et de la prudence unis à une savante stratégie ; doué d'une activité sans égale, d'une fermeté noble et digne, d'un sentiment exquis des convenances, d'une prévoyance continuelle pour satisfaire les besoins du soldat, d'une modération équitable à l'égard des vaincus ; ayant une éloquence si remarquable dans toutes les proclamations adressées soit à l'armée, soit aux peuples qu'il venait de soumettre ; traitant d'égal à égal avec les souverains, car sa présence seule magnétisait les hommes appelés à reconnaître en sa personne l'existence de la république française. Et bientôt la supériorité du génie du général français fut telle, qu'il rencontra des admirateurs enthousiastes chez ces peuples qui déposaient leurs armes devant ses trophées.

A son retour en France, *Bonaparte* remarqua combien la nation était fière de ses succès et de la gloire qu'il venait de conquérir ; il devint l'idole et déjà peut-être même l'espoir de cette France déchirée par les factions et dévastée par les guerres civiles.

Le pouvoir directorial, effrayé d'une si grande popularité, s'inquiéta de la présence du jeune vainqueur d'Italie, dont la gloire avait été aussi pure qu'avaient été rapides et nombreuses ses victoires. On songea sérieusement à l'éloigner de Paris ; et, pour l'y déterminer, on lui livra une flotte destinée à voguer vers la patrie des *Ptolomées*, et peut-être aussi dans l'espoir qu'une pyramide serait son dernier asile.

Il n'en fut point ainsi ; car la Providence réservait au vainqueur d'Arcole de hautes destinées. En Italie comme en Egypte, en Egypte comme en Italie, le génie de *Bonaparte* fut tout aussi vaste et d'une supériorité toute aussi incontestable. La victoire lui fut fidèle, et il ne tarda pas à soumettre ceux qui résistaient à l'autorité de ses actes. Au Caire, à Alexandrie, il s'occupa à introduire les bienfaits de la civilisation européenne. Des savants français s'appliquèrent à enrichir le musée national des antiquités que l'on dut à leurs laborieuses explorations. Le temps manqua au général *Bonaparte* pour atteindre l'accomplissement de ses vastes projets dans la terre des *Pharaons ;* depuis on s'est occupé à les faire revivre, et aujourd'hui les sciences et les arts de l'Europe commencent à se répandre en Egypte et à s'y naturaliser.

Le débarquement de *Bonaparte*, son retour en France et son arrivée à Paris comblèrent de joie et ranimèrent les espérances des amis sincères de la patrie, qui se jetèrent dans ses bras, jurant de se vouer corps et biens à sa fortune : tels furent les conspirateurs de cette grande journée du dix-huit brumaire. On connaît les résultats produits par cette sœur cadette du treize vendémiaire, qui assista au dernier soupir de cette république qui avait été si terrible, si grande, si héroïque et si patriotique sous la convention ; si orageuse, si vacillante, si divisée sous la constitution de l'an trois, pendant laquelle les pouvoirs furent constamment exposés aux déchirements des factions.

Le consulat remplaça le directoire. *Bonaparte* fut nommé premier consul ; de ce moment la république n'exista plus que de nom. La France venait d'adopter et de proclamer un maître sous le titre de premier consul. La liberté et l'égalité n'étaient plus que des mots sans force et sans retentissement, réduits à être à peine mentionnés comme de simples formalités dans les actes publics ou dans ceux émanés des fonctionnaires constitués ; ainsi ces mots, *liberté* et *égalité*, qui avaient naguère exercé une puissance magique sur les esprits, qui avaient fait surgir de si grands dévouements, qui avaient inspiré de si grandes choses, s'effaçaient chaque jour sans léguer le moindre regret. Hélas ! on avait trop ensanglanté leurs autels, pour oser espérer de les rendre à leur origine si pure, si populaire et surtout si glorieuse dans les camps et sur les champs de bataille.

Avec le consulat s'éleva pour la France une ère nouvelle. Le premier consul, fort de son génie, maître de ses volontés, déroula alors aux yeux de l'Europe surprise et attentive, ces plans immenses conçus dans le tumulte des camps, plans renfermant plus d'idées d'ordre, plus d'idées monàrchiques, plus d'idées rationnelles que n'en avait peut-être jamais conçu *Louis quatorze*, entouré de ses ministres si dévoués à la gloire de leur maître, qu'ils firent *grand,* en enseignant si merveilleusement à ce prince son métier de roi.

De l'époque du consulat date pour *Bonaparte* une existence toute royale. La nation sanctionnait avec confiance tous les actes du chef de l'état ; car le premier consul s'était tellement identifié avec le pays, que jamais roi de France ne posséda une plus grande puissance que le premier magistrat de la république.

Tout, à la vérité, concourait à populariser le gouvernement consulaire, qui s'appliquait à faire disparaître les nombreuses causes qui avaient paralysé trop long-temps les relations sociales, commerciales et industrielles, ou en avaient entravé la marche. Aussi les obstacles s'aplanissaient-ils d'eux-mêmes, la confiance renaissait, chaque jour voyait s'éteindre les haines des partis, les proscrits rentraient sur le sol natal, une administration nouvelle s'organisait, des hommes probes, éclairés, formés par l'expérience de nos troubles sortaient de leur retraite pour recevoir l'investiture de hautes et d'importantes fonctions, soit dans le conseil d'état, soit dans les départements. La liberté de conscience ne fut plus un vain mot : la religion cessa non-seulement d'être persécutée, mais elle fut ostensiblement protégée ; le crédit public s'affermissait, nos armées reculaient les limites territoriales de la république, et garantissaient ainsi la possession de toutes les conquêtes précédentes ; la loi sur les ôtages fut rapportée, l'ordre s'introduisit dans la perception des impôts, la Vendée fut pacifiée, et le sang français cessa de couler et d'arroser cette terre dont la croix du Christ et les lis formaient l'écusson.

Les sciences, les lettres, les beaux-arts reçurent de nobles encouragements ; l'industrie et le commerce, à peine consolés des pertes énormes que leur avaient fait subir pendant la terreur le maximum et le papier-monnaie, commençaient à se relever de si violents échecs. Tel était le spectacle consolant et plein d'avenir qu'à la fin de l'an huit (1800) la France présentait avec orgueil à ses habitants et aux étrangers.

Une telle prospérité devait nécessairement accroître chaque jour la puissance morale du premier consul, béni et respecté de tous, et dont le nom n'était prononcé qu'avec reconnaissance ; et certes, si alors il se fut contenté d'être le premier citoyen de la France, il eût recommencé la haute et la noble mission de *Wasington*, mais avec plus de gloire et avec plus de splendeur que le fondateur de la liberté américaine.

Ce fut à cette époque que le premier consul quitta Paris pour se porter vers les Alpes et attaquer l'Autriche ; et ce fut dans cette mémorable campagne, qui dura quarante jours, que se livra la célèbre bataille de *Marengo,* qui renversa les espérances de l'Autriche et nous valut la possession de l'Italie.

C'est alors que l'on vit s'incliner devant le pouvoir et le génie du premier consul tous ces grands capitaines de la république, descendus au rang de ses lieutenants, ambitionnant un regard, que *Bonaparte* laissait tomber sur les plus favorisés, lorsque le consul traversait les vastes salons de ce palais, jadis la résidence des rois de France ; palais dont il avait pris possession, lui tardant d'y faire renaître le passé. Ainsi la cour consulaire se formait en partie de tous les généraux de la république, qui avaient porté si haut la gloire des armées de la France, en combattant et en détruisant toutes les phalanges coalisées contre la liberté et soldées avec l'or de l'Angleterre.

Napoléon fut justement regardé comme le plus grand stratégiste des temps modernes, et, je crois, considéré comme infiniment supérieur à *Condé*, à *Turenne* et au roi *Frédérick*, réputé comme le premier tacticien de son temps. En effet, *Napoléon Bonaparte* était sans égal pour la distribution d'un vaste champ de bataille, pour répartir sur un terrain de six à huit lieues une armée de trois cent mille hommes, pour choisir une position favorable, pour fortifier le côté faible, pour étonner l'ennemi par la rapidité de ses attaques, pour le tourner et pour le surprendre par ses manœuvres savantes et imprévues; c'est alors que ce génie de la guerre brillait de tout son éclat, en jetant ainsi la terreur dans les rangs de l'ennemi, comme il savait inspirer une confiance sans bornes à ses légions, dont sa présence triplait le courage.

Mais apprécié comme homme d'état, comme grand politique, comme habile administrateur, *Napoléon* me paraît encore plus complet, et devant être, sous ce rapport, comparé à *Charlemagne*, qu'il semblait avoir adopté pour modèle.

Des idées-mères, des institutions tout à la fois monarchiques et populaires, l'union des partis, la fusion des opinions, étaient le but constant de ses travaux et l'heureux résultat de ses méditations. L'organisation des grands corps de l'état, telle que l'avait conçue le premier consul, offrait une garantie de stabilité qui aurait dû être maintenue et surtout mieux appréciée par l'auteur de la charte constitutionnelle.

En effet, la hiérarchie des pouvoirs, ce pivot à l'aide duquel doit sans cesse se mouvoir un grand empire, avait été tellement reconnue et consacrée par les nouvelles institutions, que jamais aucun frottement alarmant n'entrava la marche des nombreuses fonctions de cette immense machine gouvernementale.

Le premier consul avait appelé au conseil d'état toutes les hautes capacités de l'époque, et jamais la liberté de l'opinion n'éprouva la moindre résistance dans les lumineuses discussions de ce grand corps administratif. Les lois, les arrêtés, les décisions étaient toujours consciencieusement élaborés, sans jamais que la partialité prévalût contre l'intérêt général.

Le sénat était une noble et digne retraite ouverte aux notabilités nationales qui avaient rendu de grands services au pays et avaient acquis une certaine illustration dans la carrière qu'elles avaient parcourue.

Le sénat conservateur, ce premier corps de l'état, était véritablement le panthéon vivant de la patrie.

Le corps législatif, tant calomnié après sa suppression, ne rendit pas moins de grands services à la France ; que l'on consulte ses archives, elles constatent les nombreux et importants travaux de ses lumineuses délibérations. A la vérité, si cette assemblée ne renfermait pas une opposition hostile et permanente, du moins ne tendait-elle pas à renverser les ministres, dont la retraite aujourd'hui paralyse trop souvent l'administration, en suspend les ressorts, expose le crédit, et n'est même pas sans péril pour les grandes spéculations commerciales et industrielles. Enfin, le renouvellement par cinquième de ce corps électif était à la fois une mesure sage, prudente et politique qui n'exposait pas à des oscillations universelles.

Le premier consul confia l'administration départementale à des préfets et à des sous-préfets. Cette nouvelle organisation administrative centralisait le pouvoir et remplaçait, moins les abus, les anciennes intendances et les subdélégations provinciales.

Le concordat conclu en 1802 avec le saint-siége, tout en conservant et en reconnaissant les libertés de l'église gallicane, constitua le clergé, qui n'avait eu jusqu'alors qu'une existence religieuse, mit un terme aux persécutions dirigées contre lui, le rendit à ses fonctions sacerdotales ; rétribué par le trésor public, il fut entouré de la considération qui doit environner les ministres des autels, sans pour cela que le premier consul ait livré au clergé la moindre influence qui aurait pu faire ombrage à son pouvoir gouvernemental.

L'amnistie en faveur des émigrés fit faire au premier consul un pas immense dans l'opinion, et lui livra une plus grande puissance morale que dix victoires. Cette mesure, à la fois politique et conciliatrice, calma de longues douleurs et consola une foule de familles, depuis tant d'années veuves de leurs chefs et séparées de leurs rejetons.

La même année 1802 vit créer l'ordre de la Légion-d'Honneur. Cette institution fut une noble et digne pensée ; elle fut destinée à récompenser tous les citoyens qui auraient rendu des services à l'état dans la carrière civile ou militaire, ou qui se seraient distingués dans les sciences et dans les lettres, ou auraient fait quelques découvertes importantes dans l'intérêt du pays.

Un seul corps de lois, obligatoire pour toute la France, renversa l'empire des anciennes coutumes, et le code civil demeurera parmi nous comme un monument du passage de ce grand homme sur la terre, qui ne voulut être étranger à aucun genre de gloire.

La magistrature reçut une organisation plus conforme à nos mœurs, à nos usages, à nos libertés ; et, tout en lui concédant le droit de distribuer la justice aux citoyens, il lui fut interdit celui de soulever ces graves et importantes questions politiques, financières et de haute police, jadis agitées par les parlements, et qui avaient investi ces grands corps judiciaires d'une puissance telle, que trop souvent ils résistèrent à l'autorité royale et luttèrent même avec elle.

Enfin l'instruction publique provoqua également les méditations de *Napoléon*. Ce prince rétablit l'Université, qui vit renaître son antique renommée et put encore se parer du titre de fille aînée des rois de France.

Tels sont les titres que *Napoléon Bonaparte* présente à la postérité, tels sont ses droits pour être inscrit sur les tables de l'histoire ; et c'est appuyé sur ces grandes et magnifiques institutions que son génie a léguées à la France, qu'il répondra à ses détracteurs.

Dans le mois de mars de l'année 1804, survint un événement dont les conséquences rejaillirent douloureusement sur le premier consul, à la veille d'échanger la pourpre consulaire contre le sceptre impérial. Cet événement fut l'arrestation et l'exécution du duc *d'Enghien*, dont *Napoléon* eut une peine inouïe à se faire absoudre, et qui lui aliéna une foule de familles disposées à lui vouer de l'attachement et de la reconnaissance.

Aujourd'hui que les haines sont calmées, qu'un demi-siècle s'est écoulé depuis cette catastrophe qui fut plus qu'un crime, mais une *faute*, on peut jusqu'à un certain point en laver la mémoire du premier consul ; car il est notoire, il est constant que le duc, qui possédait une certaine capacité militaire, et dont la valeur chevaleresque était connue, s'occupait sérieusement à organiser un mouvement contre-révolutionnaire qui devait éclater en Alsace et se propager jusqu'à Paris. Le gouvernement, instruit de ce projet, fit, à la vérité, contre le droit des gens, entourer à Ettenheim, dans le duché de Bade, le domicile du prince ; on se saisit de sa personne, on le transféra à Vincennes ; son jugement, sa condamnation et son exécution furent l'affaire de quelques heures. Ainsi périt le dernier des *Condés*.

Plusieurs personnes dignes de foi prétendirent que le premier consul fut violemment irrité de la précipitation qu'apporta la commission à exécuter sa sentence. Nul doute qu'un retard de vingt-quatre heures eût amnistié cette illustre victime, qui eût été dirigée hors des frontières. Telle était, assure-t-on, l'intention de *Napoléon*, mais que des hommes trop dévoués firent échouer. Depuis, *Napoléon* a confirmé par son silence le bien jugé de cette sentence. Pouvait-il agir autrement? car c'était un fait accompli, qui a reçu malheureusement une trop prompte exécution, et que n'aurait certes voulu ordonner ni sanctionner celui qui aspirait à effacer des souvenirs des Français les sanglantes journées de nos troubles politiques.

Elevé au trône par l'assentiment du peuple et de l'armée, *Napoléon* convoqua à la cérémonie de son sacre et de son couronnement, qui fut célébré dans l'église métropolitaine de la capitale de l'empire, tous les grands corps de l'état, les députations des départements et de l'armée. Cette solennité fut préparée long-temps d'avance, et l'on en régla le cérémonial suivant l'ancienne étiquette. A l'exemple de *Charlemagne*, *Napoléon* voulut que le chef de l'Eglise consacrât sa dynastie. En conséquence, dans le seul et dans l'unique intérêt de la religion, *Pie sept*, déférant aux vœux de l'empereur, abandonna le Vatican, quitta la capitale de la chrétienté, traversa l'Italie, passa les Alpes, arriva en France et répandit sur le front auguste du moderne *César* l'huile sainte et consacrée dont étaient jadis oints les descendants de *Clovis*.

Cette démarche du souverain pontife produisit un effet immense; car la présence du saint-père ne semblait-elle pas absoudre la France de toutes les persécutions dirigées contre les ministres du Seigneur, et de toutes les profanations sacrilèges dont avaient été souillés ses temples pendant ces temps d'erreur enfantés par l'anarchie et par la tourmente révolutionnaire.

Aussi, de ce moment, la religion reprit-elle sa salutaire influence, sans jamais que le clergé tentât à déroger aux prescriptions que lui imposaient les lois de l'état et les institutions de l'église gallicane.

En abolissant la proscription dont étaient frappés les émigrés, *Napoléon* reconnut combien il serait dangereux et impolitique de livrer à l'oisiveté une foule de Français appartenant à l'ancienne caste nobiliaire, la plupart dans la force de l'âge, instruits à l'école du malheur, et dont la fidélité à leurs anciens maîtres avait été si honorable. Aussi l'empereur s'occupa-t-il à classer ces hommes et à les rattacher à son gouvernement ; ainsi, aux uns il ouvrit les rangs de ses armées, aux autres il facilita leur entrée dans la magistrature ; enfin à beaucoup il accorda des emplois dans les nombreuses administrations qui régissaient son vaste empire ; et ceux-ci, las de végéter sur les rives étrangères, revenus de leurs honorables illusions, se félicitaient de pouvoir enfin fouler le sol natal sans crainte et sans danger pour leur existence et pour leur liberté. C'est ainsi que, par ce grand acte d'amnistie nationale, l'empereur se rallia ces mêmes hommes que la force des circonstances avait placés dans la cruelle et dure nécessité de porter les armes contre leur pays.

Les noms historiques exerçaient sur l'empereur un effet magique ; aussi remarque-t-on que ce prince fit souvent des avances, avec la plus aimable coquetterie, aux descendants des vieilles illustrations nobiliaires, soit en leur donnant des charges à sa cour, soit en leur faisant restituer une partie de leur vaste patrimoine, soit enfin en les appelant à de hautes fonctions largement rétribuées. L'entrée de ses conseils comme les rangs de l'armée leur furent ouverts, et bon nombre des petits-fils des vainqueurs de Fontenoy furent inscrits sur les contrôles de la garde impériale.

Tels furent les appâts que *Napoléon* présenta à la vieille noblesse française, qui, flattée et satisfaite de tant de courtoisie, finit d'elle-même par renoncer à une fidélité qui paraissait sans but et sans avenir. C'est de cette manière que l'empereur parvint à peupler les salons de ses palais et à former sa cour, la plus brillante de l'Europe, et que ce prince montrait avec un juste orgueil aux souverains étrangers ; car l'*Almanach impérial* renfermait beaucoup de ces grands noms qui décoraient l'*Almanach royal ;* ces noms historiques qui avaient retenti pendant tant d'années à l'OEil-de-Bœuf et dans les galeries de Versailles.

Que l'on analyse, que l'on médite, que l'on commente les lois, les institutions, les actes de l'empereur, on reconnaîtra qu'il ne s'est jamais écarté du plan qu'il avait adopté, et dont il avait admirablement compris l'immense portée. Et quel était ce plan, renfermant des vues aussi vastes que conformes à ses idées d'ordre et de puissance ? Ce plan consistait à reconstruire sur des bases nouvelles une monarchie absolue avec toutes ses conséquences ; non pas cette monarchie écrasée, épuisée, agonisante de *Louis seize;* non pas cette monarchie défaillante, mesquine, chétive, galante, égoïste de *Louis quinze;* mais de refaire, de régulariser la grande, la majestueuse, la puissante monarchie de *Louis treize* et de *Louis quatorze.* Et il y serait incontestablement parvenu, sans les désastres de la campagne de 1812, qui dressèrent une barrière infranchissable devant l'accomplissement de ses projets.

Après la rupture du congrès d'Amiens, le ministère britannique ne cessa d'imposer les sacrifices les plus onéreux à l'Angleterre, pour satisfaire la haine qu'il avait vouée à *Napoléon,* et pour parvenir à écraser cet arbitre de l'Europe et annihiler son pouvoir ; aussi rien n'arrêta le cabinet de Saint-James pour organiser de nouvelles coalitions, en fournissant successivement d'énormes subsides à l'Autriche, à la Prusse et à la Russie. Mais tant d'efforts échouèrent devant le génie de l'empereur des Français et devant la bravoure de ses armées. Les gigantesques et immortelles batailles d'Austerlitz, d'Iéna, d'Eylau, de Friedland et de Wagram dotèrent la France d'une influence européenne telle, qu'elle n'eut bientôt d'autres limites que celles où s'arrêta la marche rapide et triomphante de ses armées. Les capitales de l'Autriche et de la Prusse, *Vienne* et *Berlin*, virent entrer dans leurs murs les vainqueurs de tant de peuples, les conquérants de tant de provinces.

La haute Italie forma un royaume composé de la Lombardie et du territoire vénitien. Les peuples de ces pays proclamèrent *Napoléon* pour leur souverain ; ce prince reçut la couronne de fer des Lombards, et en ceignit son front auguste ; son couronnement se célébra dans la métropole de la patrie des *Visconti* et de *Charles Borromée*.

L'Allemagne secoua la dépendance de la maison d'Autriche, et se constitua en une grande confédération, qui se réfugia, en 1806, sous la protection de l'empereur *Napoléon*.

Enfin, en 1810, l'Helvétie accepta ce prince pour son médiateur, et lui en conféra le titre et la dignité.

Le désir de fonder sa dynastie et de la perpétuer, porta *Napoléon* à briser les liens de l'affection la plus tendre et ceux non moins sacrés de la reconnaissance, en provoquant la rupture de son union avec l'impératrice *Joséphine*, avec la femme qui l'avait, pour ainsi dire, conduit par la main pour le diriger vers cette élévation inouïe où il était parvenu. Son mariage avec une archiduchesse d'Autriche, qui se célébra peu de mois après son divorce, fut certes un des actes de la vie politique de *Napoléon* qui dut le plus caresser son orgueil ; car, par cette alliance royale, il devenait l'égal des premiers monarques de l'Europe, dont il était depuis long-temps le plus puissant par son influence, par son génie et par ses victoires. Le ciel bénit cette alliance et accorda à l'empereur un prince destiné à recueillir l'héritage de son illustre père. Mais la Providence en disposa autrement, et l'on vit l'héritier d'un si vaste empire, à peine entré dans la vie, banni de cette terre de France qui avait salué sa naissance de ses unanimes et sincères acclamations, relégué dans un des palais de son aïeul, où une longue maladie le prépara au terme de sa triste existence.

Pourquoi donc, après tant de faveurs de la fortune, *Napoléon* ne put-il comprendre et apprécier les devoirs si doux d'époux, de père et de souverain de la plus grande nation du monde ? comment ne s'appliqua-t-il pas à faire rejaillir sur ses peuples et sur sa race les immenses résultats de tant de travaux héroïques ? Pourquoi ? Parce que ce prince devait jusqu'à la fin accomplir sa destinée. Fatalité implacable, fatalité cruelle et sans exemple dans les annales du monde, fatalité à laquelle il ne put se soustraire, malgré tous ses efforts pour la combattre et pour l'écraser.

L'invasion armée de l'Espagne fut une faute irréparable qui suscita une guerre impolitique, une guerre longue et sanglante, dont rien ne pourra absoudre l'empereur ; guerre qui devait amener les funestes conséquences qu'il fallait prévoir ou plutôt prévenir.

Jusqu'au moment de l'entrevue, à Bayonne, de *Napoléon* avec le roi *Charles quatre* et sa famille, l'Espagne n'avait cessé d'être pour la France l'alliée la plus fidèle, comme elle en était la tributaire la plus soumise. On tirait de ce royaume des hommes, de l'argent et des grains ; l'entrée de ses ports était formellement interdite aux flottes britanniques. Que pouvait-on exiger de plus ? Aussi, dès son début, cette expédition fut-elle blâmée. Mais l'empereur, inflexible dans ses volontés, n'accueillit aucune observation ; il voulait que le sceptre de *Charles-Quint* passât dans les mains de son frère, et déposséder les petit-fils de *Louis quatorze* au profit de sa famille. *Napoléon*, pour accomplir cette usurpation, viola les traités, arbora un étendard étranger devant le peuple le plus patriote, le plus national de l'univers, afin d'introduire de nouvelles institutions et de substituer à l'ancienne constitution de ce pays une nouvelle charte hostile à ses mœurs, à ses habitudes, à ses croyances. Aussi cet abus de la force, ces actes de violence inouïe, cette invasion injuste et téméraire eurent un profond retentissement, qui fut loin d'être étranger, plus tard, à la chute du trône impérial et de la dynastie napoléonienne.

Dès l'entrée des armées françaises sur le territoire espagnol, aussitôt les premières hostilités, des idées de patriotisme et d'indépendance nationale se réveillèrent tout à coup chez ces preux descendants du *Cid*, et bientôt la cause de l'Espagne fut aussi celle des autres peuples ; car ce fut à cette même époque que l'Allemagne, que cette Germanie si rêveuse, si contemplative, si universitaire par ses écoles et par sa haute philosophie, commença à apprécier la valeur de l'indépendance nationale, et songea sérieusement à briser le joug qui pesait sur elle depuis tant d'années. Ce fut de ses universités que sortirent les premiers libérateurs de l'Allemagne, et bientôt ce pays devint le berceau du libéralisme européen.

La guerre d'Espagne fut pour la France un cancer qui rongea annuellement la plus belle et la plus vitale portion de ses générations vingtenaires, pour satisfaire l'ambition de *Napoléon,* dont l'idée fixe était de relever l'empire d'Occident, de faire descendre les rois au rang de ses grands vassaux soumis à sa suprématie impériale, de détruire l'influence de l'Angleterre, de ruiner ses comptoirs et d'annihiler son commerce par le blocus continental. Tel était le but de ses travaux et où tendait constamment sa politique.

Dans l'année 1812, l'empereur partit de Paris pour la vaste expédition de Russie, accompagné de l'impératrice *Marie-Louise*. Il s'arrêta à Dresde et y tint sa cour. Son séjour dans la capitale de la Saxe fut l'apogée de sa puissance et le dernier échelon de sa grandeur ; l'empereur d'Autriche, le roi de Prusse et tous les souverains de l'Allemagne se pressaient dans les salons de son palais, et vinrent s'incliner devant la fortune et devant la domination de l'arbitre des destinées de l'Europe. Ainsi Dresde assista au dernier éclat que jeta sur la terre ce puissant météore. Car bientôt ce grand conquérant, cet illustre époux de la fille des *Césars*, allait être entraîné par des désastres inouïs, produits par les éléments et par les glaces du Nord, qui mirent un terme à sa domination victorieuse ; désastres que ne purent arrêter ni conjurer son étoile, son génie, son activité infatigable, l'intrépidité de ses lieutenants et le courage héroïque de ses soldats ; et de ce moment date la décadence de l'empire, de ce moment la fortune appesantit sur l'empereur une main de fer, et terrassa celui qu'elle avait si hautement protégé.

Moscow répondit à l'appel de Madrid, et se chargea de venger cette Espagne si courageuse, si patriotique et si chevaleresque. L'incendie de l'antique et de l'opulente métropole de l'empire russe fut pour ses habitants un sacrifice immense, que l'amour de la patrie et une soumission religieuse à la volonté souveraine sont seuls capables d'inspirer. Les craquements du Kremlin, de ce vieux palais, de cette ancienne résidence des czars, jetèrent l'épouvante parmi les nations, et bientôt les flammes de l'incendie de cette antique capitale de l'empire moscovite éclairèrent nos désastres.

Pour la première fois, *Napoléon* remarqua l'abandon de son étoile. Alors le grand empereur comprit que sa présence tenait une place trop spacieuse parmi les rois, que ceux-ci ne tarderaient pas à déserter son alliance et à l'isoler au milieu de ses légions. C'est livré à ses réflexions accablantes, c'est terrifié lui-même à la vue des misères qui frappaient tant de milliers de braves, c'est à l'aspect de la destruction d'un matériel immense, que sortirent de sa poitrine ces paroles mémorables : *Si j'étais mon petit-fils, je pourrais encore m'en tirer avec gloire !* Cette pensée à la fois si juste, si vraie, si profonde, ne doit-elle pas s'interpréter : que l'empereur aurait pu alors invoquer une adoption dejà ancienne dans les lignées royales et princières de l'Europe.

Mais, de ce moment, le Midi et le Nord de l'Europe se confédérèrent ; de ce moment une imposante coalition, dont l'Angleterre était l'âme et la régulatrice, stipendiée par l'or de cette nation, se recruta pour renverser la domination de *Napoléon*, qui avait plus lassé la patience des peuples qu'il n'avait encore humilié les dignités royales.

C'était le commencement de la fin, comme le disait spirituellement M. *de Talleyrand*, et celui-ci s'occupa sans relâche à pousser vers l'accomplissement de sa fatale prédiction, en provoquant la déchéance de *Napoléon*, du prince qui l'avait comblé de faveurs, de dignités et de richesses. Ainsi l'on vit l'ex-évêque d'Autun, le prince de Bénévent, le grand dignitaire de l'empire, devenir l'instrument le plus actif qui détermina l'abdication du souverain dont pendant tant d'années il avait été le ministre, le conseil et le confident.

Le théâtre de la guerre fut, en 1813, reculé jusque sur le territoire saxon. Cette campagne s'ouvrit par les victoires de Lutzen, de Bautzen, et par l'occupation de Dresde. Ce fut dans cette circonstance qu'un boulet français frappa à mort le général *Moreau ;* le vainqueur de Hochtædt et de Hohenlinden s'était réuni aux ennemis de cette France pour laquelle il avait jadis combattu avec tant de gloire. Une telle fin a flétri la haute réputation de ce grand capitaine. Les succès rapides de l'armée française émurent la coalition. L'Autriche se proposa alors comme médiatrice entre *Napoléon* et les confédérés. Sa médiation fut acceptée ; mais le congrès, réuni à Prague, se sépara sans rien conclure. Survint la bataille de Leipsick ; on connaît les désastres de cette sanglante journée. De ce moment, nos défaites se succédèrent sans interruption, et elles prirent leur source dans la défection des puissances de la confédération rhénane. L'empereur fut rejeté en-deçà du Rhin, où eut lieu la campagne de 1814, qui fut tout aussi désastreuse pour la France.

Dans cette dernière guerre, l'empereur développa un rare talent stratégique, et prouva aux hommes les plus expérimentés dans l'art des combats, qu'il y possédait une supériorité incontestable, même sur tous les généraux qui avaient tant contribué à notre gloire militaire. Pendant cette campagne de France, le génie de *Napoléon* embrassa tout, prévit tout, combinant à la fois les plans les plus audacieux et les plus rationnels ; infatigable comme dans ses immortelles campagnes d'Italie, il se transportait avec la rapidité de la foudre sur les différents points où son coup d'œil d'aigle jugeait que sa présence était nécessaire pour ranimer le courage du soldat ; tantôt coupant la marche de l'ennemi, tantôt l'arrêtant par des manœuvres aussi rapides que savantes. Cependant tant d'efforts, une si haute habileté furent sans résultats et ne purent conjurer la fatalité, ni déjouer une lâche et une infâme félonie, qui fut loin d'être étrangère à une défection aussi complète.

La dernière heure du grand empire était à la veille de sonner ; disons-le, l'armée, harassée, épuisée, découragée, désillusionnée peut-être, ne se battait plus avec la même ardeur que pendant les premières campagnes de la république. Cet élan patriotique s'était singulièrement ralenti. Car alors on versait son sang pour la cause sacrée de la liberté, pour l'indépendance de la patrie, pour le triomphe des principes régénérateurs de 1789, qui avaient émancipé la nation et lui avaient restitué ses droits ; tandis qu'en 1814, c'était pour satisfaire l'ambition de celui qui avait étouffé cette même liberté sous le poids de ses lauriers, et avait provoqué l'envahissement du territoire de cette France agrandie par les conquêtes de la république.

L'abdication de l'empereur *Napoléon*, qui lui fut imposée, fut déchirante. Ce prince, entouré des braves de sa garde, leur fit des adieux où le sublime le disputait à la douleur, sans cesser de conserver ce noble et héroïque caractère qui ne cessa jamais de diriger les actions de sa vie et de présider les actes de son règne.

L'île d'Elbe fut concédée à l'empereur à titre de

souveraineté : c'est là qu'il alla expier sa gloire. Quelle chute pour cet homme qui trouvait l'Europe trop étroite ! L'empereur, pendant son séjour dans cette île, se livra à des travaux utiles et importants : il s'occupa à élever des constructions, à percer des routes, à rendre plus faciles les communications ; et l'histoire dira que, pendant le temps qu'il habita Porto-Ferrajo, l'existence de ce prince fut à la fois laborieuse, digne et conforme à son grand caractère et à la position que lui avaient faite la fortune et les circonstances, auxquelles il sut céder sans s'avilir.

Cependant, en France, les hommes que *Napoléon* avait élevés si haut, qui devaient leur opulente position aux largesses impériales, et ceux qui venaient après ces premiers dans la carrière des honneurs, des dignités et des emplois, ne tardèrent pas à regretter leur ancien maître ; car les uns furent blessés dans leur amour-propre, les autres furent déçus dans leurs espérances, beaucoup perdirent les hautes fonctions qu'ils exerçaient ; ceux-là redoutaient une investigation de leurs opinions, ceux-ci n'étaient pas sans crainte d'une violente persécution, par suite de leur vote ; enfin une foule d'autres s'alarmaient sur l'origine de leur fortune, quoique les articles 9 et 11 de la charte constitutionnelle aient positivement donné toute sécurité et toute garantie aux uns comme aux autres. Quoi qu'il en soit, aucun d'eux n'était tranquille. Le présent, pour beaucoup, était gros de. l'avenir.

Ajoutons que l'entrée de la cour était formellement interdite à un grand nombre ; et quant à ceux qui étaient admis à jouir de cette faveur, ils se trouvaient gênés dans ces mêmes salons qu'ils avaient naguère parcourus, comblés de faveurs, de dignités et jouissant d'un crédit que leur avaient ménagé leur dévouement, leurs travaux et leurs faits d'armes.

Telle était la situation au commencement de l'année 1815. Alors une correspondance active ne tarda pas à s'organiser avec l'île d'Elbe ; des émissaires adroits, résolus et entreprenants débarquèrent dans cette île, et déroulèrent un tableau fidèle de l'opinion et des vœux ardents que l'on ne cessait de former et même de manifester pour rentrer sous le régime impérial. Mais ce qui paraîtra étrange, incroyable, fut l'inertie impardonnable de la haute police, dont la sécurité dans ces circonstances semblait favoriser et protéger des relations qui ne pouvaient et ne devaient aboutir qu'au renversement du gouvernement royal.

Ainsi la question pour *Napoléon* en était arrivée au point d'attendre une occasion propice, de la saisir avec habileté et de l'exploiter avec rapidité. C'est ce qui eut lieu ; et le vingt-six février de cette même année 1815, *César* et sa fortune se jetèrent dans une frêle barque, avec une poignée de braves, pour reconquérir la France restaurée.

Si la vie militaire et politique de l'empereur offre une foule de faits tenant du prodige, tels que son retour d'Egypte, la journée du dix-huit brumaire, cette décisive bataille de Marengo, gagnée trois fois par l'Autriche, et qu'elle finit par perdre complètement, son couronnement religieusement consacré par la présence du souverain pontife, son union avec une archiduchesse d'Autriche, et enfin la naissance d'un prince destiné à perpétuer sa dynastie, rien ne me paraît plus extraordinaire, je dirai même aussi fabuleux, que d'aborder les côtes de France avec huit cents hommes, de traverser près de trois cents lieues de pays au milieu des populations plutôt en triomphateur qu'en proscrit, d'entrer à Paris sans brûler une amorce, de descendre aux Tuileries, d'en évincer la famille royale, de renverser une dynastie et de succéder à un gouvernement auquel on pouvait sans doute reprocher quelques fautes, mais qui, la veille même du débarquement, qui se fit à Cannes, jouissait de la sécurité la plus complète, n'était inquiété par aucune faction ostensible, ni même agité par le plus léger mouvement émeutier dans la moindre bourgade.

Après une course aussi rapide, aussi phénoménale,

Napoléon ne dut-il pas croire à la prédestination ? Une telle illusion pouvait, certes, être caressée et accueillie par l'esprit le plus positif ; car tout semblait alors protéger ce nouveau passage des grandeurs terrestres, et devoir le prolonger pendant un grand nombre d'années. Mais les mêmes motifs qui avaient provoqué la première déchéance ne tardèrent pas à produire de semblables résultats et à nécessiter la seconde et la dernière abdication.

A son retour, l'empereur retrouva chez le peuple ce même enthousiasme qu'inspirait sa présence dans les beaux jours de sa prospérité ; l'armée salua de ses vivat celui qui l'avait tant de fois conduite à la victoire ; la joie de ces braves était aussi vive, aussi sincère qu'étaient profond leur dévouement et brillante leur valeur. Cependant ces vivat et cet heureux avenir que paraissait présager le retour improvisé de *Napoléon* furent accueillis froidement par les grands propriétaires, par l'industrie et par le haut commerce, dont le silence morne se fit remarquer à côté de ces bruyantes acclamations populaires, ceux-ci paraissant oublier que ce prince les avait pendant tant d'années couverts de ses rayons protecteurs. Aussi, à cette époque, le palais des Tuileries offrait-il plutôt l'aspect agité d'un grand quartier-général que la résidence d'une cour paisible et élégante.

Napoléon remarqua que depuis qu'il avait quitté la France le gouvernement constitutionnel avait singulièrement propagé les principes de liberté et d'égalité de 1789, et avait surtout modifié la direction de l'opinion ; car déjà la liberté commençait à prévaloir sur les prestiges de la gloire, comme les intérêts du pays passaient avant les intérêts personnels du chef de l'empire, dont ne s'occupaient plus exclusivement, comme par le passé, les représentants de la nation, qui appréciaient davantage l'indépendance du pays ; aussi *Napoléon* dut-il transiger avec les circonstances, quitte à ressaisir, en des temps plus opportuns, son absolutisme gouvernemental.

Ne le dissimulons pas, cette époque dite des *cent-jours* fut pour le gouvernement difficile, émeutière, turbulente et agitée. Alors on vit une partie des provinces méridionales se ranger sous la bannière de la légitimité, entraînées par la présence du duc *d'Angoulême,* qui ne résista pas, à la vérité, pendant long-temps devant les forces qui lui furent opposées. Les provinces de l'Ouest, notamment la Bretagne et l'ancienne Vendée, tentaient d'organiser la guerre civile et à contrecarrer les projets de l'empereur ; mais la majeure partie des départements du Nord et tous ceux de l'Est sans exception s'étaient franchement ralliés autour de l'aigle impériale. Enfin la république voyait aussi surgir quelques partisans, qui cependant propageaient, avec une timide réserve, les principes et le régime de la souveraineté populaire, que *Napoléon* avait écrasés avec son sceptre victorieux.

Ainsi qu'on le voit, les temps étaient rudes et difficiles, la situation grave, délicate, éminente ; il fallait exercer une surveillance active et continuelle sur les mécontents, ranimer l'opinion, pacifier l'intérieur, convoquer une nouvelle législature, rappeler sous les drapeaux des militaires dévoués et expérimentés, remonter la cavalerie, mettre en état de défense les places fortes, afin d'être à l'abri d'une attaque inopinée ; pourvoir à un matériel considérable, garnir les magasins, ouvrir des négociations avec les puissances étrangères, afin de gagner du temps, qui, dans ces circonstances, était un grand point ; et enfin éviter à tout prix l'attaque d'une nouvelle coalition armée, encouragée par ses récents succès. L'activité et le génie de l'empereur suffirent à tant de soins et à tant de travaux, et en embrassèrent les détails les plus minutieux.

Des propositions de paix, renfermant les prétentions les plus modérées, furent transmises, le dix-sept avril, au congrès de Vienne, par le cabinet des Tuileries ; mais ces propositions, bien loin d'être accueillies, ne furent même pas écoutées par les

puissances étrangères, qui les rejetèrent impitoya-
blement, résolues de ne traiter sur aucune base
quelconque avec l'empereur *Napoléon*. Tous les
moyens de négociation ayant été épuisés, force fut
alors pour la France de se préparer à la guerre. L'épée
fut donc tirée de nouveau, et c'était sur le champ de
bataille qu'allaient se résoudre les questions que n'a-
vaient pu non-seulement conclure, mais même en-
tamer, les protocoles diplomatiques.

Ce fut M. *de Stassard* qui fut chargé par *Napoléon*
de négocier avec le congrès de Vienne le maintien
du traité de Paris, qu'il acceptait et dont il ratifiait
les clauses. M. *de Stassard*, au retour de sa mission,
fit connaître à l'empereur que, s'il voulait abdiquer
en faveur de son fils, non-seulement l'Autriche s'y
prêterait, mais que même, le cas échéant, elle fe-
rait cause commune avec la France ; seulement on
exigeait que cette abdication eût lieu avant le premier coup de canon, et que *Napoléon* se livrât à
l'empereur d'Autriche, qui lui garantissait son rétablissement dans l'île d'Elbe, ou toute autre souveraineté analogue. La Russie avait, assure-t-on, auto-
risé une demande semblable, à la sollicitation et par
l'entremise de la reine de Hollande. Cette proposition
ayant été repoussée, elle n'eut pas d'autres suites et
fut abandonnée comme non-avenue.

La chute de *Napoléon* était donc le point de mire

de la coalition, car le triomphe de la légitimité n'entrait que très-accessoirement dans les combinaisons des cabinets. A la vérité, la légitimité a recueilli les avantages de cette guerre ; mais on tomberait dans une erreur étrange, de croire que pour le succès de sa cause, que pour le triomphe de son principe, les souverains auraient consenti à recommencer des hostilités qui auraient encore une fois mis en question le repos de l'Europe. Les événements de 1830 sont là, d'ailleurs, qui en déposent suffisamment, et justifieraient cette assertion, s'il en était nécessaire.

L'empereur mort ou vaincu, tout était fini, le but était atteint ; mais, vainqueur, qui eût pu prévoir où se seraient arrêtées nos conquêtes, comme les immenses résultats qui en auraient rejailli sur la France et sur ses alliés. Le traité de Paris aurait été lacéré, le blocus continental rétabli, la Pologne aurait été affranchie du joug moscovite, la haute Italie aurait reconquis son indépendance avec sa nationalité, nos limites auraient été reculées jusqu'au Rhin, et eussent ainsi replacé sous la domination française la Belgique, le Luxembourg, Cologne, Mayence et Trèves ; la France, ressaisissant son ancienne prépondérance, aurait dicté ses volontés et aurait su les faire respecter.

Or, une bataille de quelques heures, une de ces gigantesques batailles, comme celle de Marengo, d'Austerlitz, de Wagram, mais bien autrement importante par les conséquences qui allaient en résulter, devait décider du sort de tant de peuples et de la destinée de celui qui avait été l'arbitre du monde civilisé, qui pendant quinze ans avait dominé l'Europe par sa dictature.

Cette grande bataille fut livrée, et cette grande bataille fut perdue par l'empereur *Napoléon,* dont la présence, les savantes dispositions et les efforts inouïs ne purent fléchir cette fois la fortune et l'arracher à la destinée qui lui était désormais réservée. L'empereur, dans cette fatale journée de Waterloo, de sanglante et d'impérissable mémoire, dans cette bataille qui décida du sort du monde, et qui fut pour lui ce qu'avait été, dix-huit siècles auparavant, celle d'Actium pour *Antoine ;* l'empereur, qui pour la dernière fois assista au dévouement héroïque de cette armée qui savait mourir plutôt que de se rendre, put encore admirer ce courage sans pair dont il avait été l'âme et le témoin pendant vingt années. Fut-il trahi? ou ses ordres ne furent-ils pas compris? ou furent-ils transmis trop tard? Toutes ces hypothèses, toutes ces conjectures sont un mystère dont on n'a pu encore positivement déchirer le voile épais qui le couvre.

Ici se termine la carrière militaire et politique de l'homme du siècle qui avait audacieusement attaqué et vaincu les vieilles races ; carrière si remplie, carrière si grandiose. De ce moment datèrent les persécutions incisives dont il fut frappé. Après la désastreuse journée de Waterloo, *Napoléon*, de retour à Paris, vaincu par la nécessité, voulant éviter à la France les horreurs de la guerre civile, qu'il était encore le maître de susciter et de porter dans les environs de la capitale, préféra déposer, pour la seconde et pour la dernière fois, le souverain pouvoir. Le plomb de l'ennemi, qu'il avait vainement affronté, ayant été assez cruel pour épargner ses jours, il fut condamné à vivre : pour lui, c'était pire que de mourir.

Cependant les événements se pressaient, se succédaient avec une effrayante rapidité ; il fallait adopter un parti décisif. La résignation de ce prince fut grande comme sa volonté fut immuable. N'ayant pu attendre plus long-temps les passe-ports qu'il devait recevoir pour se rendre aux Etats-Unis d'Amérique, où il se proposait de se fixer, il crut alors devoir se confier à la générosité du cabinet britannique. Il écrivit au prince-régent, depuis *Georges quatre*, de lui accorder une royale hospitalité, hospitalité que, jusqu'alors, l'Angleterre n'avait jamais refusée à de déchirantes infortunes ; d'ailleurs, cette démarche n'était-elle pas elle-même un hommage que *Napoléon* rendait à la magnanimité de cette nation, la seule qui n'avait pas subi les conditions de la victoire ?

On sait comment la demande de ce grand homme fut accueillie par le ministère anglais : en condamnant ce héros à un exil perpétuel sur le rocher de Sainte-Hélène, en déportant dans cette île solitaire celui qui avait fatigué la renommée de ses succès et de ses revers, comme il l'avait étonnée par la profondeur de ses conceptions. Après cinq années de réclusion et de souffrances, il termina sa vie, le cinq mai 1821, à l'âge de cinquante-un ans huit mois et vingt jours. Ce rocher restera à jamais célèbre par les tourments et par la fin calme et sublime de l'illustre victime qui subit sans se plaindre la dure captivité où le plongea la haine implacable du gouvernement britannique, et qui supporta avec fierté les odieuses persécutions de sir *Hudson-Low*, qui devait léguer à la postérité le titre d'assassin de *Napoléon*.

Lorsque la nouvelle de la mort de l'empereur *Napoléon* parvint en Europe, une sorte de stupeur frappa les esprits ; on eût dit que l'Angleterre tombait sous le poids d'un remords. La fin de cet auguste captif produisit partout une sensation profonde. Cette vie avait été si grande, avait été si remplie, elle avait brillé d'un éclat si vif, si lumineux aux yeux de l'univers, que l'on ne pouvait croire qu'elle dût s'éteindre comme celle d'un simple mortel. Au reste, les derniers moments de l'empereur avaient été abreuvés de trop d'amertume pour que ses ennemis puissent encore se féliciter de sa mort; car cinq années de tortures n'avaient-elles donc pas suffisamment expié son ambition, ses fautes, ses triomphes et sa gloire ?

L'empereur eut à la tête de ses armées :

AUGEREAU, BERNADOTTE, BERTHIER, BESSIÈRES, BRUNE, DAVOUST, Eugène BEAUHARNAIS, GÉRARD, GOUVION SAINT-CYR, GRENIER, GROUCHY, JOURDAN, KELLERMANN, LARIBOISSIÈRES, LANNES, LASSALLE, LEFEBVRE, LEGRAND, MASSÉNA, MOLITOR, MONCEY, MONTBRUN, MORTIER, MURAT, NEY, OUDINOT, SOULT, SUCHET, VANDAMME, VICTOR.

BRUIX, DÉCRES, TRUGUET, VILLARET-JOYEUSE commandaient ses escadres.

DROUOT, LARIBOISSIÈRES, SORBIER avaient sous leurs ordres sa formidable artillerie.

CARNOT, HAXO, MARESCOT, ROGNAT fortifiaient ses citadelles.

BOYER, CORVISAR, LARREY, PERCY organisaient et dirigeaient le service des ambulances de ses armées.

BERTIER, BIGOT, PRÉAMENEU, BOULAY (de la Meurthe), CAMBACÉRÈS, CLARCK, CAULAINCOURT, DARU, DEJEAN, DUCHATEL, EMMERY, FOUCHÉ, LACUÉE, MARET, MONTALIVET, PORTALIS, PASQUIER, RÉGNAULT (de Saint-Jean-d'Angely), RÉGNIER, ROEDERER, SAVARY, TREILLARD et TALLEYRAND étaient appelés à ses conseils et concouraient à l'administration de l'empire.

Barbé de Marbois, Gaudin, Lebrun, Mollien gouvernaient et contrôlaient ses finances.

La magistrature avait pour chefs, Cambacérès, Muraire, Régnier, Séguier et Tronchet; pour organe, Merlin (de Douai).

Fontanes dirigeait l'instruction de la jeunesse.

Berthollet, Chaptal, Cuvier, Delambre, Fourcroy, Francoeur, Lacépède, Lagrange, Lalande, Laplace, Legendre, Monge, Poisson, Prony étendaient, par leurs savantes et précieuses découvertes, le domaine des sciences.

Ferry classait annuellement les élèves de son école polytechnique suivant leurs capacités.

Fontaines et Percier construisaient et restauraient ses palais.

David, Gérard, Girodet, Gros, Guérin, Isabey, Vernet les embellissaient de leurs admirables et artistiques productions.

Duroc, son grand-maréchal et son ami, administrait les dépenses de sa cour brillante; Ségur en réglait le cérémonial.

La direction de ses musées était confiée à Denon.

Millin était chargé de la garde de ses médailles.

Wan-Praet et Barbier étaient les conservateurs de ses bibliothèques.

Arnault, Chateaubriand, Chénier, Delille, Ducis, Alex. Duval, Etienne, Jouy, Lacretelles, Legouvé, Lemercier, Luce de Lancival, Michaud, Millevoy, Perceval, Grandmaison, Picard, Renouard poétisaient sa gloire et le délassaient de ses travaux en éclairant sa raison.

Berton, Boyeldieu, Chérubini, Dalayrac, Lesueur, Méhul, Nicolo, Paer, Persuis, Spontini amusaient ses loisirs.

Contat, Duchesnois, Fleury, Grandmesnil, Lafond, Mars, Monvel, Raucour et Talma soutenaient avec éclat la réputation de la scène française.

C'est au milieu de cet auguste cortége que *Napoléon*, entouré de ces grandes et immortelles illustrations dans tous les genres, qu'il sut toujours mettre et conserver à leur place, se présente aux regards de la postérité.

Le second paragraphe du testament de l'empereur, écrit à Longwood, île de Sainte-Hélène, en date du quinze avril 1821, s'exprime ainsi :

« Je désire que mes cendres reposent sur les bords » de la Seine, au milieu de ce peuple français que » j'ai tant aimé. »

Ce désir pieux et national ne fut seulement rempli que dix-neuf ans après la mort de *Napoléon*.

Ce fut en vertu d'un projet de loi présenté aux chambres au mois de juin 1840, M. *Thiers* étant président du conseil et ministre des affaires étrangères, que le gouvernement ordonna, à la suite de négociations ouvertes à cet effet avec l'Angleterre, que les restes mortels de l'empereur *Napoléon* seraient transportés de l'île Sainte-Hélène en France, et seraient déposés à Paris à l'hôtel royal des Invalides. Et d'après la loi du dix juin 1840, un million fut voté pour satisfaire aux dépenses de cette expédition, placée sous le commandement de S. A. R. Monseigneur le prince *de Joinville*.

Le quinze décembre 1840, Paris reçut les cendres impériales. A cette funèbre et solennelle cérémonie, on vit la garde nationale de Paris tout entière sous les armes, et, malgré un froid intense et rigoureux, une foule immense, accourue de tous les points de la France, avide d'assister à la translation des cendres de l'empereur, couvrait dès l'aube du jour l'avenue de Neuilly, les Champ-Elysées, et s'était portée sur tous les lieux que devait traverser le cortége.

Le char funèbre était entouré de tous les grands dignitaires de l'empire, tant des armées de terre que des armées de mer. L'émotion était profonde et universelle, et les regards se fixaient tour à tour vers le corps et vers ces soldats mutilés, qui, eux aussi, avaient eu une part de cette grande gloire. L'attendrissement se mêlait à l'admiration.

Les décorations, tant aux Champs-Elysées que sur l'esplanade des Invalides, étaient d'une noble et grande magnificence ; chaque colonne pyramidale, surmontée d'un aigle doré, était ornée de faisceaux et de drapeaux tricolores , portant un bouclier avec l'inscription de nos plus célèbres victoires.

Tous ceux qui ont assisté à cette cérémonie triomphale et funéraire, digne du héros qui en était l'objet et du grand peuple qui la décernait à ses mânes augustes , n'oublieront jamais l'impression profonde que produisit dans les âmes et dans les cœurs la vue du cercueil impérial drapé de velours violet parsemé d'abeilles d'or ; ce cercueil , dans lequel la pensée pouvait, pour ainsi dire, pénétrer et voir *Napoléon* le *Grand* calme , endormi, revêtu de son costume de guerre.

Jamais plus pompeux honneurs ne furent rendus à la mémoire d'aucun mortel, jamais n'en furent entourés de semblables et d'aussi grands , ces cercueils jadis destinés à descendre dans les caveaux de la basilique de Saint-Denis.

Les hommes de l'empire se trouvèrent rajeunis de vingt ans parmi les fastes et près de l'ombre éclatante d'une époque de prodiges ; et la nouvelle génération pouvait croire assister à cette grande épopée qui lui a été racontée tant de fois.

COMMENTAIRES.

COMMENTAIRES.

On assure que *Louis dix-huit,* avant la catastrophe du duc *d'Enghien,* avait fait proposer au premier consul de faciliter et de provoquer le retour en France des Bourbons. Pour prix d'un aussi immense service, on offrait une amnistie générale du passé, on rétablissait en faveur de *Bonaparte* la dignité de connétable, il recevait le titre de prince, et l'île de Corse lui était concédée en toute souveraineté pour lui et pour ses descendants.

Une telle proposition était absurde et inacceptable. En effet, quel est l'homme, et *Bonaparte,* certes, moins que tout autre, qui aurait jamais consenti à descendre du premier rang, pour le céder au chef d'une famille proscrite qui n'aurait pas tardé à trouver bien pesante la reconnaissance que lui aurait fait contracter une telle obligation envers l'homme dont l'influence aurait été assez puissante sur le pays pour opérer cette restauration? Et *Bonaparte* lui-même n'aurait-il pas inspiré des défiances, fondées ou non, à ces mêmes princes qui, dans le bien qu'il leur avait fait, auraient pu redouter le mal qu'il pouvait leur faire? Aussi le premier consul rejeta-t-il bien loin cette proposition; et il fit bien.

Quelques années après, *Napoléon*, voulant à tout prix annihiler les droits de la maison de *Bourbon* à la couronne de France, fit, dit-on, proposer à *Louis dix-huit* le royaume de Pologne à titre de souveraineté héréditaire, mais sous la condition que le chef de la maison de *Bourbon* renoncerait à la couronne de France pour lui et pour les princes de sa race. Le roi repoussa avec dédain cette proposition, d'ailleurs inadmissible en droit, et prouva, dans cette occasion, que le sang de *Henri quatre* n'avait pas dégénéré, en se refusant à un si honteux abandon des droits qu'il tenait de ses ancêtres.

Napoléon fut-il un usurpateur, ainsi que trop long-temps on l'a prétendu ? Non, sans aucun doute ; car, par cette expression, *usurpateur*, on entend celui qui s'empare d'une chose à l'aide de la violence et contre le vœu général. Or, le trône était vacant de fait et de droit lorsque *Napoléon* s'y est assis, la convention nationale ayant aboli la royauté par son décret du vingt-un septembre 1792. Aussi c'est avec beaucoup de justesse que M. *de Fontanes* a dit que l'empereur avait détrôné l'anarchie pour faire régner en France l'ordre et la prospérité.

L'empereur aspirait vivement à la fusion de l'ancienne noblesse avec la nouvelle ; aussi s'y appliquait-il sérieusement en facilitant des alliances, par la restitution des propriétés séquestrées par suite des mesures révolutionnaires. Cette politique avait pour objet de cimenter les bases de son gouvernement, et d'enlever tout prétexte de regretter le passé et de critiquer le présent.

A dater de l'année 1792, la société, en France, avait cessé

d'exister de fait. Les salons s'étaient, pour ainsi dire, fermés d'eux-mêmes ; car la plupart des personnes destinées par leur naissance, appelées par leur esprit ou par leurs hautes connaissances à former ces cercles où avaient brillé par leur supériorité tant de charmantes causeries, avaient toutes disparu : les unes avaient péri sur l'échafaud ou avaient émigré, les autres étaient sous les verroux ou réfugiées dans une retraite discrète et ignorée, pour se mettre à l'abri de la délation et des persécutions. Cet état de choses se prolongea jusqu'à l'époque du consulat. Ce fut seulement alors que la société essaya de se reconstruire peu à peu ; les salons se rouvrirent et se repeuplèrent, beaucoup y reprirent leur ancienne place, des personnages nouveaux s'y introduisirent ; car déjà toutes ces dénominations factieuses enfantées pendant nos troubles révolutionnaires avaient disparu avec eux, chacun ayant eu le bon goût et l'excellent esprit de sacrifier son opinion personnelle à l'intérêt général. *Union* et *oubli* fut le merveilleux talisman qui calma les haines et opéra la fusion des partis, sans la plus légère secousse et sans la moindre récrimination : *chacun lécha ses plaies.* Mais depuis la chute de l'empire, les partis se sont réveillés tout à coup, l'opinion n'a même depuis lors cessé de tracer de profondes lignes de démarcation. Aussi une triste et déplorable acrimonie a succédé dans la société à cette cordialité universelle et si regrettable, que l'on devait aussi attribuer en partie à la volonté ferme du chef de l'état.

Ces titres de prince, de duc, de comte, de baron, la création des majorats rentraient parfaitement dans les vues de l'empereur, qui tendaient à reconstruire la vieille monarchie avec toutes les qualifications abolies en 1789, à créer une noblesse nouvelle avec les débris de la féodalité, moins les abus et les priviléges, à doter enfin son empire d'ins-

titutions qui, par la suite, effaceraient les anciens souvenirs. Mais le temps lui a manqué pour l'exécution de ses
projets destinés à reclasser la société, qui avait été si hor-
riblement mutilée à la fin du siècle dernier, qui vit tous les
rangs confondus, les grandes fortunes dispersées et les droits
de chacun méconnus.

L'empereur et ses ministres recommandaient aux premiers fonctionnaires des diverses administrations d'avoir
le soin de présenter de préférence, autant que possible,
pour remplir la vacance des emplois dépendant de leurs
attributions, des hommes qui avaient été froissés par la
révolution. Aussi vit-on, à cette époque, la magistrature
ouvrir ses rangs à la plupart des anciens parlementaires,
qui furent vivement sollicités d'accepter des fonctions
judiciaires.

L'administration des droits réunis et l'administration fo-
restière, toutes les deux notamment organisées sur une
grande échelle, facilitèrent au gouvernement le moyen de
procurer une existence lucrative à une foule de Français
que le régime révolutionnaire avait privés de leur avoir.
De tels actes rallièrent une foule de personnes au gouvernement impérial.

Souvent l'empereur présidait le conseil d'état. Ce prince,
dans ces séances où étaient alors réunies les différentes
sections, y développait des connaissances en administration et en législation qui inspiraient toujours la surprise
et l'admiration. *Napoléon* possédait une rare lucidité
analytique; il écoutait toujours avec une attention sou-
tenue les opinions opposées à la sienne, et les accueil-
lait chaque fois que la justesse lui en était démontrée; car

il exigeait que la liberté la plus entière dirigeât les graves discussions du conseil.

Le corps des auditeurs, qu'il avait créé, était une pépinière d'administrateurs élevés à cette grande école. L'empereur se plaisait à encourager et à récompenser leur zèle et leurs travaux, soit en leur accordant des gratifications, soit en leur confiant des missions importantes.

Sous l'empire, tous les fonctionnaires étaient grandement rétribués, et souvent même il arrivait que plusieurs recevaient en outre des gratifications de la munificence impériale. Mais aussi l'empereur exigeait qu'ils tinssent un état de maison proportionné à leur position et au traitement qu'ils recevaient du trésor; et lorsqu'ils ne se soumettaient pas à cette invitation, équivalente à un ordre, ils s'exposaient à être vertement admonestés par le ministre dont ils relevaient.

Une brillante et une continuelle représentation était prescrite également à tous les grands dignitaires, qui s'empressaient de s'y conformer, sous peine d'encourir la disgrâce du souverain.

Napoléon fit faire des travaux immenses dans l'intérêt des arts, du commerce, de l'industrie, et principalement dans l'intérêt des communications, tels que les bassins d'Anvers, de Flessingue et de Cherbourg; les ouvrages maritimes de Venise; les belles routes d'Anvers à Amsterdam, de Metz à Mayence, de Bordeaux à Bayonne, des Pyrénées aux Alpes, de Savone au Piémont; les passages du Simplon, du mont Cénis, du mont Genève; les ponts d'Austerlitz, des Arts et d'Iéna, de Sèvres, de la Roane et de Tours, de Lyon, de Turin, de l'Isère, de la Durance, de Bordeaux et de Rouen; les canaux qui joignent le Rhin au

Rhône, l'Escaut à la Somme, la Rance à la Vilaine ; le dessèchement des marais de Bourgoing, de Cotentin et de Rochefort ; la réparation d'un grand nombre d'églises, la plupart ayant été démolies ou détériorées pendant la révolution ; la construction de plusieurs établissements d'industrie pour extirper la mendicité ; la construction et la restauration du palais du Louvre ; la fondation des greniers d'abondance ; l'établissement de la Banque de France ; l'ouverture du canal de l'Ourcq ; la distribution des eaux de Paris ; les quais et les embellissements de cette capitale ; le rétablissement des manufactures de Lyon ; la création de plusieurs centaines de fabriques de tissages de coton ; les encouragements pour la fabrication du sucre de betteraves ; la substitution du pastel à l'indigo ; cinquante millions employés à embellir et à réparer les palais de la couronne ; soixante millions d'ameublement placés dans les palais de France, de Hollande et d'Italie, de Rome et de Turin ; soixante millions de diamants ; le musée estimé plus de quatre cent millions ; l'institution des courses de chevaux ; l'introduction des mérinos ; enfin de nombreux encouragements accordés à l'agriculture. Et l'histoire dira que tous ces vastes travaux furent exécutés au milieu de guerres continuelles, sans le moindre emprunt, et lorsque la caisse d'amortissement allégeait les charges de la dette publique.

Voici ce que l'empereur a fait pour l'instruction publique : il a rétabli les facultés, il a réorganisé l'école polytechnique, dont les élèves furent astreints à la discipline militaire, qui les préparait à la vie des camps.

L'école militaire de Saint-Cyr remplaça les anciennes écoles militaires de Brienne et de Paris, et fournissait à l'armée des officiers non moins remarquables par leur instruction que par leur valeur.

Des lycées furent fondés dans les principales villes de l'empire, et particulièrement ouverts aux enfants des militaires, ainsi qu'aux fils de ceux à qui la confiscation révolutionnaire avait enlevé leur fortune. Tous reçurent dans ces établissements les bienfaits de l'instruction qu'ils devaient à la munificence du gouvernement. De telles mesures conciliatrices ne se commentent pas.

Enfin, pour compléter l'énumération des utiles fondations de l'empereur en faveur de la jeunesse, n'omettons pas la maison d'éducation d'Ecouen, créée d'après les statuts de l'ancienne abbaye de Saint-Cyr, et où furent admises et élevées aux frais de l'état les filles des membres de la Légion-d'Honneur et des défenseurs de la patrie.

Napoléon, en protégeant tous les cultes chrétiens, jugea cependant indispensable, dans l'intérêt même de son gouvernement, d'octroyer à l'état un culte qui exerçât une suprématie nationale. Ce culte devait être naturellement celui de l'immense majorité des Français, qui était aussi celui de l'empereur. En conséquence, la religion catholique, apostolique et romaine fut proclamée la religion de l'état, et, à ce titre, elle fut investie de toutes les prérogatives extérieures auxquelles l'appelait sa suprématie religieuse et politique; et son clergé, soumis aux lois de l'état, ne cherchait ni à s'en écarter, ni à troubler, ni à inquiéter les citoyens par son intolérance, qui fut souvent répréhensible pendant les dernières années de la restauration.

Si *Napoléon* fit presque constamment la guerre, c'est parce que la guerre avait été le levier de son élévation et avait fondé sa puissance ; ensuite, c'est qu'il y fut constamment heureux jusqu'au moment de la retraite de Russie. Cependant il y aurait tout lieu de croire qu'il eût été beaucoup moins belliqueux, s'il fût né sur les degrés du trône.

On a cruellement reproché à l'empereur d'avoir fait une prodigieuse consommation d'hommes. Mais en a-t-il donc plus dépensé que tant d'autres conquérants? Je ne le pense pas; et les immenses résultats qu'il avait obtenus, surtout s'il avait su ou s'il avait pu s'arrêter à temps, l'auraient certes grandement absout de toutes les levées dont il avait pressuré les populations. Quoi qu'il en soit, malgré les grandes guerres de l'empire, la population, loin d'avoir diminué, n'en a pas moins marché vers un accroissement positif et plus que suffisant pour satisfaire largement à tous les besoins de l'agriculture et de l'industrie. Aujourd'hui, la population abonde en France, et ce trop plein, qu'il est si difficile de classer, est inquiétant pour l'avenir, et son existence serait un problème, si les dépôts de mendicité, si les hospices, et si surtout les prisons et les bagnes n'en présentaient pas la déplorable solution.

***

La police générale était pour l'empire le ministère le plus important. Ce ministère fut organisé et dirigé pendant long-temps par un homme dont on ne peut contester la haute habileté : cet homme était *Fouché*, de Nantes, duc d'O-trente. La police était alors d'une activité sans égale, ses ramifications s'étendaient sur tout et partout; elle n'était jamais retenue par aucun sacrifice ni arrêtée par aucun obstacle pour saisir les fils d'une conspiration, ou pour la prévenir, ou pour suspendre une publication quelconque échappée à la vigilance de la censure.

Les affidés de la police étaient nombreux, appartenant à tous les sexes, étant répandus dans tous les rangs, dans toutes les classes, dans toutes les professions : ainsi il était impossible d'éviter sa surveillance. Aussi la police était-elle toujours parfaitement instruite de tout ce qui pouvait l'intéresser;

souvent la liberté individuelle courait avec elle de grands dangers, et tel individu était tout à coup arrêté, sans connaître le motif de cet acte arbitraire, qui se prolongeait indéfiniment. C'est à l'aide de ces mesures liberticides que l'empereur était parvenu à museler le peuple le plus communicatif et le plus impressionnable de l'univers.

Les journaux étaient soumis à une censure sévère qui ne tolérait jamais aucune réflexion ni le moindre commentaire qui auraient pu décolorer le prestige de l'immense pouvoir de l'empereur, ni même censurer ou seulement ridiculiser les actes des fonctionnaires publics ; quelques débats ou analyses littéraires, quelques disputes entre les gens de lettres, quelques causes judiciaires, les bulletins de nos victoires, les séances pacifiques du sénat conservateur et du corps législatif remplissaient les colonnes des journaux. Jamais l'allusion la plus innocente sur qui que ce fût ou sur un événement politique quelconque ne se rencontrait dans la presse quotidienne de cette époque. Aussi l'intérieur de ce vaste empire jouissait-il d'un calme admirable, lors même que le chef de l'état était à la tête de ses armées.

La littérature, sous l'empire, était sage, modérée, était ce qu'elle devrait être : inspirer l'amour des lettres en propageant les principes de nos grands classiques. On ne voyait point éclore tous ces ouvrages qui depuis ont eu une tendance aussi funeste que déplorable au renversement de tous les principes conservateurs de l'ordre social ; la scène française ainsi que les théâtres du second ordre n'étaient pas infectés de toutes ces productions qui insultent la morale et les convenances.

Les ouvrages publiés sous l'empire se faisaient généralement remarquer par une direction constante vers les principes religieux et monarchiques. Les romans retraçaient les mœurs chevaleresques de nos anciens preux, et puisaient leur sujet parmi les anecdotes tirées des annales de la cour des rois de France ; car tout ouvrage qui aurait avili la royauté, ou seulement qui aurait affaibli le respect qu'elle doit toujours conserver aux yeux des peuples, n'aurait jamais reçu l'autorisation de la publicité.

L'absolutisme impérial était hostile à toute position indépendante ; la magistrature elle-même n'en fut pas plus exempte que toute autre institution ; car il fallait alors à un magistrat dix années d'exercice pour recevoir l'investiture de l'inamovibilité. Cette disposition, si opposée à l'indépendance dont doivent jouir les organes de la justice, fut abolie par l'article 49 de la charte constitutionnelle.

On a, avec raison, reproché à l'empereur d'avoir indistinctement frappé de sa disgrâce tous les hommes dont les principes politiques avaient conservé l'amour de la liberté et s'étaient hautement prononcés contre son absolutisme, en refusant constamment de se rallier à son gouvernement. Ainsi vit-on *Carnot, Chénier, Lafayette, Ducis, Benjamin Constant*, la baronne *de Staël* et une foule d'autres atteints d'un honorable ostracisme dont rien ne put les garantir ni les absoudre.

Sous le gouvernement impérial, on parvenait à la fortune par la carrière des emplois, juste récompense du dévouement et de la capacité. Les spéculations sur la rente et les jeux de bourse étaient alors une plaie inconnue, qui n'avait pas encore gangréné la société. De nos jours, il en est tout autrement : on n'arrive à une position élevée qu'à l'aide de la fortune. Un tel système est l'expression de notre époque, qui d'ailleurs est toute judaïque et toute positive.

———

Avec ses idées princières, avec son intention bien arrêtée de continuer les rois de France et même de les surpasser par la splendeur de sa cour, tout porte à croire que, par la suite, l'empereur aurait fixé sa résidence à Versailles.

De grands services, de vieux noms bien portés, de hautes illustrations civiles et militaires, des talents hors ligne auraient été appelés à peupler sa cour ; son fils aurait été entouré de tout l'éclat digne de l'héritier d'un aussi vaste empire ; les hommes les plus distingués par leurs vertus, les plus éclairés par leur savoir auraient été désignés pour diriger l'éducation du roi de Rome.

———

L'empereur aimait la littérature dramatique, *Corneille* et *Racine* étaient ses auteurs de prédilection ; chez le premier il admirait les profondes et mâles pensées politiques si romainement exprimées, comme il se plaisait à lire et à entendre les vers si harmonieux du second.

Voltaire avait dans son langage trop de liberté, ses ouvrages étaient empreints de trop de philosophie pour convenir à l'empereur, qui voulait populariser les sentiments monarchiques. Aussi ce prince préférait-il généralement se faire lire les productions de ce grand poète, que d'assister à leurs représentations.

———

La musique italienne captait plus particulièrement que toute autre les suffrages de *Napoléon*. C'est ce prince qui

acclimata en France cet opéra Buffa, qui doit aujourd'hui
sa vogue au patronage de l'aristocratie parisienne.

Les habitudes de l'empereur étaient régulières, ses mœurs
sévères, ses goûts simples. Le travail absorbait tous ses
instants ; à peine consacrait-il quelques heures à la représentation imposée par l'étiquette des cours. Ses seules ré-
créations étaient le spectacle et la chasse ; encore ne se
livrait-il que fort modérément aux exercices de cette dernière, et beaucoup plus par ostentation que par goût et
par besoin.

Son service était doux et facile ; l'empereur était d'une
bonté parfaite, d'une grande indulgence et d'une générosité
éclairée et prévoyante envers toutes les personnes atta-
chées à son service particulier.

Les seuls membres de la famille impériale étaient admis
à sa table ; rarement l'empereur s'est écarté de cet usage
qu'il avait introduit à sa cour.

L'empereur était bon, familier avec le peuple et avec
le soldat. Personne n'accordait une faveur avec plus de
grâces, comme personne n'était plus séduisant, plus adroit,
plus insinuant que l'était ce monarque pour atteindre son
but et pour ramener à son opinion.

Les principes religieux de l'empereur étaient positifs,
sans jamais que le fanatisme et l'intolérance aient eu la
moindre prise sur ses opinions.

Les femmes n'ont jamais exercé aucun empire sur les résolutions de l'empereur; tout en les aimant, aucune d'elles n'a jamais pris sur lui le moindre ascendant. On ne lui a jamais connu aucune favorite, et le mystère qu'il apportait toujours dans quelques caprices passagers, était un hommage qu'il se plaisait à rendre à la morale publique.

Epoques mémorables de la vie de l'empereur *Napoléon.*

Naissance..............................	15 août 1769.
Admission à l'école militaire de Brienne, en Champagne...........................	en 1777.
Sous-lieutenant dans le régiment de la Fère (artillerie)............................	1er sept. 1785.
Lieutenant dans le même régiment........	en 1789.
Capitaine...............................	5 févr. 1792.
Chef de bataillon.......................	18 oct. 1795.
Général de brigade.....................	4 oct. 1795.
Général de division....................	10 oct. 1795.
Son mariage avec *Joséphine de Lapagerie,* veuve du comte *de Beauharnais*......	28 févr. 1796.
Général en chef de l'armée d'Italie.......	22 mars 1796.
Premier consul.........................	9 nov. 1799.
Président de la république italienne......	25 janv. 1802.
Premier consul pour dix ans.............	6 mai 1802.
Premier consul à vie....................	2 août 1802.
Empereur des Français..................	18 mai 1804.
Sacré et couronné à Paris...............	5 déc. 1804.
Roi d'Italie............................	18 mars 1805.
Couronné à Milan......................	18 mai 1805.
Protecteur de la confédération du Rhin...	12 juill. 1806.
Divorce avec l'impératrice *Joséphine*.....	16 déc. 1809.
Médiateur de la confédération helvétique..	30 janv. 1810.
Mariage avec l'archiduchesse *Marie-Louise.*	2 avril 1810.
Naissance du roi de Rome...............	20 mars 1811.
Première abdication....................	5 avril 1814.
Retour en France......................	20 mars 1815.
Seconde et dernière abdication...........	22 juin 1815.
Débarquement à l'île de Sainte-Hélène....	16 oct. 1815.

Mort de *Napoléon*, à 51 ans 8 mois 23 jours,
à l'île de Sainte-Hélène................. 5 mai 1821.
Mort du duc *de Reichtadt*, roi de Rome.. 9 août 1832.
Translation des cendres de l'empereur à
Paris............................... 15 déc. 1840.

Campagnes.

1793. Siége de Toulon.
1794. Il arme les côtes de Provence et de Gênes.
1795 \
1796 } A l'armée d'Italie.
1797 /

1798 \
1799 } A l'armée d'Orient.

1800 \
1801 } En Piémont et en Italie.
1802 /

1803 \
1804 } Camp de Boulogne.

1805. En Autriche.

1806 \
1807 } En Prusse, en Pologne.

1808 \
1809 } En Espagne et en Autriche.

1812. En Russie.
1813. En Allemagne.
1814. En France.
1815. En Belgique.

Principales batailles dans lesquelles *Napoléon* a commandé en chef comme général, comme consul, comme empereur.

Aboukir (Egypte)....................... 25 juill. 1799.
Arcole (Italie)......... .... 15 nov. 1796.
Austerlitz (Moravie).................... 2 déc. 1805.
Botzen (Saxe)........................ 21 mai 1813.
Champaubert (France)................. 10 févr. 1814.
Dresde (Saxe)......................... 26 août 1813.
Essling (Allemagne)................... 22 mai 1809.
Eylau (Prusse)........................ 8 févr. 1807.
Iéna (Haute-Saxe)..................... 14 oct. 1806.

Leipsick (Saxe)........................... 17 oct. 1813.
Ligny (France)........................... 16 juin 1815.
Lodi (Italie)............................... 10 mai 1796.
Lutzen (Saxe). .... 2 mai 1813.
Marengo (Italie)......................... 14 juin 1800.
Montenotte (Italie)..................... 11 avril 1796.
Montmirail (France)..................... 11 févr. 1814.
Pyramides (les) (Egypte)............... 22 juill. 1798.
Ratisbonne (Allemagne)................ 25 avril 1809.
Smolensk (Pologne)..................... 17 août 1812.
Wagram (Autriche)..................... 6 juill. 1809.
Waterloo (Belgique)................... 18 juin 1815.

Trois grandes célébrités, fameuses, à la vérité, dans des genres différents, se posèrent en France dans l'espace de plus d'un demi-siècle, et toutes les trois furent remarquables par l'influence qu'elles exercèrent sur leur époque, influence qu'elles durent autant à leur génie et à leurs immenses facultés, que peut-être aussi aux circonstances et aux temps où elles vécurent.

Ces trois grandes célébrités furent : *Voltaire, Mirabeau, Napoléon.*

Voltaire, dans ses écrits aussi spirituels que philosophiques, plaida la cause de l'humanité et de la tolérance, dont il se fit l'apôtre en combattant les abus et en poursuivant le fanatisme, qu'il écrasa avec l'autorité de son talent. *Calas, Sirven,* le chevalier *de Labarre, Lally, Montbally* trouvèrent en lui un éloquent et un généreux défenseur, qui vengea leur mémoire en flétrissant leurs juges.

Bientôt la nation s'identifia avec la doctrine de *Voltaire;* et de sa retraite de Ferney, le patriarche enseignait aux rois leurs devoirs, et éclairait les peuples sur leurs droits. *Dieu et la liberté* furent le but constant de ses efforts et de ses travaux; ce furent ces paroles, *Dieu et la liberté,* qu'il prononça en apposant ses mains octogénaires sur le petit-fils de *Francklin,* lorsque cet illustre envoyé d'un peuple qui venait de combattre pour son indépendance et de la conquérir, présenta cet enfant au plus grand génie du dix-huitième siècle.

Bientôt les écrits de *Voltaire* se répandirent, bientôt ils se popularisèrent dans toutes les classes ; chacun les lut avec avidité, chacun, sous le voile de l'allégorie, découvrit la vérité et reconnut l'absurdité des coutumes sous lesquelles on avait jusqu'alors végété. Les préjugés cessèrent d'étendre leur empire, puis peu à peu ils se détruisirent, et ils furent enfin foulés aux pieds par ceux-là mêmes qui en recueillaient les avantages.

La raison triompha, et *Voltaire* eut la gloire d'arracher aux nations le bandeau de l'erreur. C'est ainsi que les travaux de *Voltaire*, que les écrits de *d'Alembert*, ceux de *Diderot* et l'Encyclopédie, qui en fut le complément, préparèrent les esprits à cette grande émancipation sociale qu'appelaient de tous leurs vœux les amis de la nature, de la vérité et de la raison, comme aussi les défenseurs de ces droits imprescriptibles dont Dieu avait doté le genre humain, droits qui s'étaient annihilés par les institutions de la conquête.

Mirabeau, gentilhomme et grand seigneur, avait passé une partie de sa jeunesse orageuse dans les fers, ayant pendant plusieurs années respiré l'air fétide des prisons d'état, où l'avaient plongé des lettres de cachet trop souvent arrachées à la fatale facilité d'un ministre ; détention arbitraire, détention inique et à laquelle ne pouvait pas plus se soustraire celui qu'elle atteignait, que l'on ne pouvait souvent en justifier le motif.

Aussi, lors de la convocation des états-généraux, *Mirabeau*, repoussé par la noblesse de Provence, à laquelle il appartenait cependant à tant de titres, fut élu par le tiersétat pour le représenter à cette immortelle assemblée si féconde en talents, et appelée à régénérer la nation française en la dotant d'institutions plus conformes aux besoins de l'époque et aux progrès des esprits, en l'affranchissant de la vassalité qui l'asservissait depuis tant de siècles. *Mira-beau* parut, et bientôt la tribune devint pour lui un vaste champ de bataille où il pulvérisa ses adversaires. Ce foudre d'éloquence, dans sa course brûlante et pompeuse, écrasa tous les partisans des priviléges, défendit les droits de la nation, en développa les principes, et jeta de profondes racines de liberté et de légalité dans les esprits de ses collègues, qui ne furent pas au-dessous de leur mandat. Les travaux de l'assemblée constituante furent immenses et dignes des lumières qu'avaient provoquées et répandues ces philosophes si calomniés par tous les hommes qui aspiraient encore à assujétir la nation à un perpétuel vasselage. *Mirabeau* fut donc l'âme de toutes ces graves délibérations, de toutes ces éloquentes discussions qui tendirent à briser le joug qui avait asservi le peuple le plus capable de comprendre sa dignité.

De ce moment la révolution suivit son cours, de ce moment tombèrent les priviléges, de ce moment l'égalité pesa dans sa balance les droits de tous les citoyens, de ce moment enfin la liberté répandit ses bienfaits sur la nation, que plus tard, malheureusement, des hommes compromirent en l'exploitant suivant leurs intérêts et selon leurs passions, que favorisèrent les circonstances difficiles qui surgirent.

Mirabeau mourut victime des factions ; sa mort fut une grande calamité publique, car qui sait si le moderne *Démosthènes* ne serait pas parvenu à vaincre l'hydre de l'anarchie et à élever une digue contre le torrent des passions populaires qui déborda après lui de toutes parts.

Enfin parut sur la scène du monde un homme jeune, sans antécédents, sans passé, que la Providence avait destiné à remuer l'univers. Celui-ci n'avait que son épée à offrir à la patrie. La France l'accepta, et bientôt cette épée éleva la république française au rang de la première puissance de l'Europe. Salut et gloire au général *Bonaparte !* Au vainqueur de l'Italie était réservé la tâche sublime de combler l'abîme des révolutions : général, consul, empereur, la victoire lui fut pendant long-temps fidèle, et elle ne déserta ses drapeaux que du jour où les éléments, réunis à la lassitude des peuples fatigués de subir son joug victorieux, se recrutèrent pour renverser celui qui avait dominé l'Europe en lui imposant sa dictature.

Napoléon fut l'homme de l'époque; à la vérité, les circonstances favorisèrent merveilleusement les inspirations de son génie organisateur, dont on peut dire que tous les plans étaient mathématiquement combinés et conçus d'après toutes les probabilités données, se coordonnant tous d'une manière admirable.

En effet, plus on examine les actes de ce prince, plus on y découvre cet esprit d'ordre qui en faisait ressortir l'ensemble et en rendait l'exécution aussi claire que facile. L'empereur, dans toutes ses institutions, faisait toujours au peuple une large part, et celui-ci, heureux et fier, obéissait sans murmure et se soumettait sans répugnance à tous les sacrifices que commandaient les circonstances, dans l'intérêt de la gloire de la patrie, qui ne faisait qu'une seule et même chose avec celle de son empereur : *vox populi, vox Dei.*

On voit que l'empereur avait compris son époque avec une rare sagacité, et avait étudié surtout profondément l'esprit de cette nation qui l'avait élevé sur le pavoi impérial. Une organisation aussi complète que l'était celle de *Napoléon* est un phénomène dont la nature est avare et qu'elle produira à peine dans dix siècles.

En nous résumant, on voit que notre révolution fut préparée par *Voltaire,* fut exécutée par *Mirabeau,* et fut à la fois exploitée et consolidée par *Napoléon.* Ainsi, la Plume, la Tribune, l'Epée concoururent successivement à cette grande régénération sociale qui, depuis la réforme de *Luther,* est certes le plus grand événement inscrit dans les annales du monde, par les résultats incalculables qui en découlèrent. Ainsi la révolution française fut, comme on le remarque, l'œuvre de la Philosophie, de l'Eloquence et de la Victoire.

FIN.